はじめに

近年 Elixir（エリクサー）など Erlang VM（アーラン ヴァーチャルマシン）上の言語が注目を集めています。Erlang は並列分散環境としてポテンシャルを秘めているものの、文法等が独特なため普及はしていません。Elixir だけではなく様々な言語が Erlang VM 上で作成されることを願い、言語作成の手助けになればと思い本書を執筆しました。

本書は

1. Erlang 入門
2. Erlang のコンパイル過程
3. Erlang でコンパイラ実装

という順番になっています。Erlang 入門は、読者のかたがそれらの分野で初心者であることを想定し記述しています。もし、この分野に知見があるようなかたは当然読み飛ばしたほうが良いでしょう。

1　Erlang 入門

Erlang の特徴は並列処理を言語や VM でサポートしている関数型言語です。また、Erlang は Prolog（プロローグ）やその後継である並列論理型言語の強い影響を受けていて構文や VM の構造などにその影響が見られます。

1.1　インストール

Windows の場合は http://www.erlang.org/downloads よりインストーラをダウンロードしてインストールしてください。Mac の場合は、brew install erlang でインストールできます。Linux の場合、Debian 系なら apt install erlang でインストールできます。

1.2　対話環境

Windows の場合は、

"スタート" -> "全てのプログラム" -> "Erlang␣OTP␣" -> "Erlang"

で、Mac と Linux の場合は、ターミナルより

```
$ erl
```

と打ち込むことで対話環境が立ち上がります。 ためしに 1+2+3. と打ち込んでみましょう。

```
$ erl
Erlang R16B03 (erts-5.10.4) [source] [64-bit] [async-threads:10] [kern
el-poll:false]
```

1

```
Eshell V5.10.4 (abort with ^G)
1> 1+2+3.
6
2>
```

6 と表示されます。これは式 1+2+3. が計算された結果です。Erlang では ; の代わりに . が使われます。

1.3 コンパイル

erlc コマンドでコンパイルします。Erlang は BEAM というVM上で実行されるので、VM 上で動作するバイナリにコンパイルされます。こうして出来上がったファイルを beam ファイルと呼びます。作成したファイルは

```
$ erl -pz . -noshell -noinput -s モジュール名 関数名 -s init stop
```

とタイプしてターミナルで実行することができます。しかし、手軽に実行させたい場合は次の escript を使用するほうが便利でしょう。

1.4 escript

escript では Erlang のプログラムを Perl スクリプトのように実行することができます。

```
#!/usr/bin/env escript
%% -*- erlang -*-
%%! -smp enable -sname factorial -mnesia debug verbose
main([String]) ->
    try
        N = list_to_integer(String),
        F = fac(N),
        io:format("factorial ~w = ~w\n", [N,F])
    catch
        _:_ ->
            usage()
    end;
main(_) ->
    usage().

usage() ->
    io:format("usage: factorial integer\n"),
    halt(1).

fac(0) -> 1;
fac(N) -> N * fac(N-1).
```

このようなファイル（ファイル名は factorial）に対して、

```
$ chmod u+x factorial
```

によって実行フラグを立て、

```
$ ./factorial 5
factorial 5 = 120
```

や、

```
$ escript factorial 5
```

などとします。引数なしや不適切な引数では Usage がでます。

```
$ ./factorial
usage: factorial integer
```

```
$ ./factorial five
usage: factorial integer
```

詳しくは escript manual[*1]を参照してください。

1.5 整数と実数

```
4> 2#0101.
5
5> 16#deadbeaf.
3735928495
```

のように # の前に数字を置くことで 36 進数まで N 進数表記ができます。Erlang は多倍長整数です。浮動小数点数は IEEE754 形式で $1.0E-323$ から $1.0E+308$ の範囲です。

1.6 文字列

文字は ASCII 文字の前に $ を付けます。例えば、

```
7> $a.
97
```

という具合です。文字列はダブルクォートで囲みます。これは文字のリストの糖衣構文[*2]です。リストは何かは後述します。

```
8> "a".
"a"
9> [$a,$b].
"ab"
```

[*1] http://erlang.org/doc/man/escript.html
[*2] 編注：簡略化記法。https://ja.wikipedia.org/wiki/糖衣構文 を参照。

Erlang の文字列は整数型のリストの糖衣構文であるため、漢字など、多バイト文字は表現できません。後述するバイナリで表現する必要があります。

1.7 変数

Erlang の変数名は大文字から始まります。

```
10> X = 1.
1
11> X.
1
```

これは変数 X に 1 を代入して、X を評価しています。代入については後述するパターンマッチで説明します。

1.8 演算子

1.8.1 算術演算子

基本的に C 言語や Java と同じです。div と rem はそれぞれ整数で割ったときの商と余りです。

- + 加算
- * 乗算
- - 減算

- / 除算
- div 整数の商
- rem 整数の商の余り

1.8.2 比較演算子

比較演算子は少し独特です。

- \> 大なり
- < 小なり
- \>= 大なりイコール
- =< 小なりイコール

- == 等しい
- /= 等しくない
- =:= 等しい（型チェック付き）
- =/= 等しくない（型チェック付き）

1.8.3 論理演算子

- not 否定
- and 論理積∧
- andalso 論理積∧（短絡）

- or 論理和∨
- orelse 論理和∨（短絡）
- xor 排他的論理和

1.9 条件分岐

1.9.1 if

```
if
    <条件式> -> <式 1>;
    <条件式> -> <式 2>
end
```

Erlang にはパターンマッチがあるため if はあまり使われません。条件分岐は後述するパターンマッチの方をよく使います。

1.10 アトム

アトム[*3]は識別子を表します。小文字英文字から始まる英数字か、記号を含む場合はバッククォートで囲む必要があります。

```
1> abc.
abc
```

もちろん変数に代入もできます。

```
2> X = abc.
abc
3> X.
abc
```

アトムは後述するタプルやメッセージなどをパターンマッチするときに便利なので Erlang プログラミングではよく使用されます。

1.11 出力

Erlang ではコンソールへの（書式つき）出力は一般には io:format という関数を使って行います。C 言語の printf に相当しますが、フォーマット付き出力の書式は C より Common Lisp（コモン　リスプ）に似ています。Erlang には C 言語のような可変引数がないのでリストを使います。

```
io:format("~p~n",[Term]).
```

- ~p プリティープリント
- ~s 文字列
- ~n 改行
- ~d 整数（10 進数）

1.12 パターンマッチ

1.12.1 case 節

[*3] 編注：文字列定数のようなもの。

```
case <式> of
    <パターン 1> -> <式 1>;
    <パターン 2> -> <式 2>
end
```

case 節はパターンマッチの一番わかり易い形式です。

```
2> A = 3.
3
3> case A of 1 -> a; 2 -> b; 3 -> c end.
c
```

とすると c が返ります。このように C 言語の switch 文のように使うことも出来るのです。この式から最後のパターンマッチの処理を除くとどうなるでしょうか？

```
4> case A of 1 -> a; 2 -> b end.
** exception error: no case clause matching 3
5>
```

このように例外が発生します。これはパターンマッチにマッチする条件がなかったという意味の例外です。

1.12.2 ワイルドカード

では次のように変更するとどうでしょうか？

```
5> case A of 1 -> a; 2 -> b; _ -> c end.
c
```

_ はワイルドカードといってあらゆる場合にマッチします。正規表現の .* に似ています。予期しない値などのエラー処理に使われることがよくあります。

1.12.3 単一代入

```
X = 1.
```

先程代入といったのは実はパターンマッチです。= 演算子は左辺の式に対して右辺のパターンマッチを行う演算です。左辺の変数がまだ束縛されてなければ右辺の式を評価した値が束縛されます。= の左辺式のパターンマッチが失敗すると、もちろん例外が発生します。

この例では数値型のような単純な型の場合ばかりなので有用性が分かりづらいと思います。後述するリストやレコード、タプルなどと組み合わせることで非常に多様な使い方ができます。パターンマッチは Erlang の中核となる機能です。

1.13 関数

関数定義は以下のように行います。

```
<関数名>(仮引数...) ->
<本体>.
```

例えば、次は引数に指定された変数をインクリメントする関数です。

```
inc(X) -> X+1.
```

1.14 関数とパターンマッチング

Erlangは関数の引数にもパターンマッチを行うことができます。

```
signal(red) -> stop;
signal(blue) -> do;
signal(yello) -> carefull;
signal(_) -> error.
```

1.14.1 再帰

ErlangにはC言語におけるwhile文などのループ制御構文がないので、ループ処理は再帰で行います。階乗を求める関数を書いてみます。

```
pow(1) -> 1;
pow(X) -> X*pow(X-1).
```

1.14.2 末尾再帰

末尾再帰という形式にすることによってループ処理を最適化できます。末尾再帰形式とは簡単にいうと、再帰関数の返り値を評価しない再帰です。スタックフレームに関数の戻り先を毎回積まなくてもいいので、内部でwhileループのように扱えるのです。

```
pow_tail(1,Ret) -> Ret;
pow_tail(X,Ret) -> pow_tail(X-1,X*Ret).
```

1.15 レコード

レコードとはいわゆる構造体です。

```
-record(<レコード名>, {<要素名1>,<要素名2>,...}).
```

レコードを定義するrd関数と言う糖衣構文も用意されています。

```
rd(item, {id,name,price}).
```

```
7> rd(player, {name,hp}).
player
```

1.15.1 初期化

```
#<レコード名>{<要素名1>=初期値1,<要素名2>=初期値2,...}
```

といった形でレコードの初期化が可能です。

```
9> P = #player{name="hoge", hp=3}.
#player{name = "hoge",hp = 3}
```

1.15.2 参照

```
変数#<レコード名>.<要素>
```

といった形で参照します。

```
10> P#player.name.
"hoge"
```

1.15.3 変更

```
変数#<レコード名>{<要素>="hage"}.
```

とすることでレコードの要素を変更したレコードを返します。

```
11> P#player{name="hage"}.
#player{name = "hage",hp = 3}
```

1.15.4 レコードのパターンマッチ

左辺に、

```
#<レコード名>{<要素名1>=値,<要素名2>=変数名,..}
```

といった形でパターンマッチができます。

```
2> P = #item{id=1,name="test",price=100}.
3> #item{id=1} = P.
#item{id = 1,name = "test",price = 100}
4> #item{id=1,name=Name} = P.
#item{id = 1,name = "test",price = 100}
5> Name.
"test"
```

1.16 リスト

```
[<要素1>,<要素2>...]
```

```
1> [1,2,3].
[1,2,3]
```

これは Lisp などのリストと同じリストです。内部的には Lisp と同様 cons セルによる再帰構造で最後が nil となっています。このことは後でまたふれます。

1.16.1 リスト処理

リストはパターンマッチで処理が可能です。次にリストの長さを計算する関数を例として載せます。

```
len([]) ->
    0;
len([Head|Tail]) ->
    1+len(Tail).
```

[] は空のリストにマッチします。[Head|Tail] の Head はリスト先頭、たとえば [1,2,3] とあったら 1 にマッチします。Tail は [2,3] にマッチします。

リストを処理する関数は標準ライブラリの lists というモジュールにまとめられています。

1.17 タプル

タプルは Erlang では Lisp の S 式代わりに使われることが多いです。

```
{<要素 1>,<要素 2>...}
```

```
1> {1,2,3}.
{1,2,3}
```

1.18 バイナリ

```
<< <値 1>:<サイズ 1>/<タイプ>, <値 2>:<サイズ 2>/<タイプ> ...>>
```

というふうに書いて値をサイズ毎に指定できます。サイズ指定を省略するとデフォルトの 8 ビットになります。このサイズの大きさごとに分割された塊をセグメントと呼びます。

タイプは型、符号、エンディアンが指定でき、複数のタイプを - で連結できます。指定可能な型を以下に載せます。

型

- integer 整数
- float 浮動小数点
- binary バイナリ型
- bytes バイト型

- **bitstring** ビットストリング
- **bits** ビット型
- **utf8** UTF-8 のビットストリング
- **utf16** UTF16 のビットストリング
- **utf32** UTF32 のビットストリング

符号

- **signed** 符号付き
- **unsigned** 符号なし

エンディアン

- **big** ビッグエンディアン
- **little** リトルエンディアン
- **native** CPU ネイティブの エンディアン
- **unit** セグメントのサイズ

1.18.1 バイナリ演算子

- **bsl** 左シフト
- **bsr** 右シフト
- **band** bit 論理積
- **bor** bit 論理和
- **bxor** bit 排他的論理和
- **bnot** bit 論理否定

1.18.2 バイナリのパターンマッチ

バイナリのパターンマッチの例として RGB カラーの例を載せます。

```
1> Color = <<16#FF00FF:(8*3)>>.
<<255,0,255>>
```

として RGB のそれぞれの 8 ビットを , で区切って定義することができます。

```
2> <<R,G,B>> = Color.
<<255,0,255>>
```

この様にパターンマッチによって 8 ビットごとに分解したりすることができます。

先頭の R だけほしい場合は、ワイルドカードを使って次の様に書くことで取得できます。

```
2> <<R:8,_/binary>> = Color.
<<255,0,255>>
3> R.
255
```

余談ですが、Erlang で日本語のような多バイト文字を扱うには

```
io:format("~ts~n",[<<"お"/utf8>>]).
```

のようにバイナリ形式で UTF-8 を指定する必要があります。詳しくは Erlang のドキュメント[*4]をご覧ください。

1.19 内包表記

内包表記にはリスト内包表記とバイナリ内包表記の2種類があります。もともとは、内包表記とは集合論において条件 P に合致する要素を集めた集合を表現する記法でした。これを表現しようとした記法が Miranda に取り入られ、後に Haskell や Python にも取り入れられています。

1.19.1 リスト内包表記

erl に

```
Erlang R16B03 (erts-5.10.4) [source] [64-bit] [async-threads:10] [kernel-poll:false]

Eshell V5.10.4 (abort with ^G)
1> [ X*2 || X<-[1,2,3,4,5], X<4 ].
```

と打ち込んでみてください。 すると、

```
[2,4,6]
```

と返ってくるはずです。これは、X<-[1,2,3,4,5] によって、リストが生成されます。次に、条件 X<4 に合致する 1,2,3 がフィルタリングされ、最後に式 X*2 によって 1*2,2*2,3*2 のリストが作られたということです。

一般化すると次のようになります。

```
[式 || パターン <- リスト, 条件]
```

1.19.2 バイナリ内包表記

バイナリ内包表記は内包表記のバイナリ版です。

```
<<式 || パターン <= バイナリ, 条件>>
```

1.20 並列

Erlang において並列処理は、軽量プロセス（以下プロセス）とメッセージによって実現されています。Erlang のプロセスは OS のプロセスに似ていますが、Erlang の VM で実行されるので OS 内部でのコンテキストスイッチは行われません。Erlang のプロセ

[*4] http://erlang.org/doc/programming_examples/bit_syntax.html

ス同士はメモリ領域を共有せずにメッセージ・キューを通じて通信を行います。Erlang のプロセスはレジスタの一時退避やカーネルモードへの切り替えなどの複雑なコンテキストスイッチを伴わないため、切り替えが高速です。

1.20.1 アクターモデル

Erlang の並列モデルであるアクターモデルににについて簡単に紹介します。メッセージを送受信できるアクターと呼ばれるオブジェクトが、メッセージを非同期に送受信することによって、並列的に計算処理を行う計算モデルです。Erlang においてはプロセスがアクターに相当し、お互いにメッセージを送受信しています。このアクターモデルの概念は Erlang 以外にも Scala のフレームワーク等に採用されています。

1.20.2 spawn

spawn は次の様な形で呼び出して軽量プロセスを生成します。

```
Pid = spawn(<モジュール名>, <関数名>, <引数のリスト>)
```

spawn は引数の関数からプロセスを生成し、プロセス ID と呼ばれるプロセス毎にユニークな数値を返します。プロセス ID とプロセスは紐付いていて、プロセス間におけるメッセージの送受信の際にこのプロセス ID を使用します。

1.20.3 メッセージの送信

メッセージの送信は次の様に送信したいプロセスのプロセス ID に！メッセージという形式でメッセージを送信します。

```
Pid ! メッセージ
```

1.20.4 メッセージの受信

次の様に receive でメッセージを受信し、パターンマッチでメッセージに対応する処理を行うのが一般的です。

```
receive
    <パターン 1> ->
        <処理 1>;
    <パターン 2> ->
        <処理 2>;
    ...........
    <パターンN> ->
        <処理N>
    after n ->
        <タイムアウト処理>
end
```

after は n ミリ秒たった時のタイムアウト時の処理をします。

1.20.5 プロセス登録

spawn が生成するプロセス ID をいちいちプログラマが変数で保存しておくのは面倒です。特に複数のプロセスがメッセージを送るプログラムを作るときは管理がとても面倒になります。Erlang にはプロセス ID ではなく、アトムを指定してメッセージを送る方法があります。それがプロセス登録です。プロセスを登録するには register 関数を使用します。本書の範囲を超えるので詳しくは述べませんが、プロセス登録機能は分散環境ではよく使用します。

```
register(Atom,Pid)
```

とすることで、 Atom ! メッセージといった形でアトムを使って登録したプロセスにメッセージが送信できます。

1.21 spawn_link

spawn_link は基本的に spawn と同じですが、例外が発生した場合の動作が異なります。生成した子プロセスで発生した例外をプロセスが作成した側の親プロセスも受け取ります。spawn の場合、親プロセスは例外を受け取りません。

1.22 例外

例外は次の様にして書きます。

```
try <評価される式> of
    <パターン1> ガード1 -> <処理1>;
    <パターン2> ガード2 -> <処理2>
catch
    <例外のタイプ1>: <パターン1> ガード1 -> <例外処理1>;
    <例外のタイプ2>: <パターン2> ガード2 -> <例外処理2>
after
    <例外が起きても起きなくても実行される処理>
end
```

try ... of で囲まれた式において例外が発生すると catch 以降でパターンマッチが行われ、例外処理が実行されたあとに after の処理が行われます。

次は例外を発生させる関数です。

1.22.1 throw

次の様にして例外を発生させることができます。

```
throw(<式>)
```

1.23 exit

次の様にして例外を発生を起こし、プロセスを終了させます。

```
exit(<式>)
```

1.24 error

次の様にして重大な例外を発生させ、プロセスを終了させます。error は主に Eralng の VM が生成するランタイムエラーとして使用されます。

```
error(<式>)
```

1.25 モジュール

モジュールはソースを記述するファイル単位でコンパイルする際の最小単位です。ソースは何らかのモジュールに属していないとコンパイルできません。モジュールを作成するには .erl ファイルにモジュール宣言などのモジュール属性を記述する必要があります。

1.25.1 モジュール属性

モジュール属性はファイルの先頭によくある - から始まる宣言です。たとえば、モジュール宣言などがあります。

■**モジュール宣言** 次のように記述します。

```
-module(<モジュール名>).
```

■**エクスポート宣言** エクスポート宣言する関数を宣言します。次の様に関数名と引数の数を / でつなげてください。

```
-export([<関数名>/<引数の数>])
```

次の様にすればモジュールで作成した全ての関数をエクスポートできます。

```
-export_all
```

■**コンパイルオプション宣言** コンパイラに指定するオプションの宣言です[5]。

■**マクロ定義** 次の様にしてマクロを定義できます。

```
-define{<マクロ>,<式>}
```

■**レコード宣言** 次の様にしてレコードを宣言できます。

```
-record(<レコード名>, {<要素名 1>,<要素名 2>,...}).
```

---

[5] http://erlang.org/doc/man/compile.html

1.25.2 インクルード

次の様にしてヘッダファイルをインクルードできます。

```
-include("<ヘッダファイル>").
```

ヘッダファイルの拡張子は .hrl です。

2 Erlang のコンパイル過程

Erlang のプログラムがどのようにコンパイルされ、実行されるか簡単に説明します。Erlang は次の順序でコンパイルされます。詳しいことは脚注の「Hipe について[6]」や「ErlangVM の内部構造について[7]」の参考資料を御覧ください。

2.1 プリプロセッシング

プログラムソースからマクロを展開します。

```
compile:file(File, ['P']).
```

2.2 レコード展開

レコードを展開してタプルにします。

```
compile:file(File, ['E']).
```

2.3 コア Erlang への変換

コア Erlang と呼ばれる Erlang のサブセットの文法に変換します。ちなみにコア Erlang は Erlang を LLVM に対応させるために作成されたそうです。LLVM とは任意のプログラミング言語に対応可能なコンパイラ基盤であるとされています[8]。

```
compile:file(File, [to_core]).
```

2.4 カーネル Erlang への変換

コア Erlang からラムダリフティングや rpc (リモートプロシージャコール) の変換などを行います。rpc といっても他のモジュールの関数から呼び出している箇所です。ラムダリフティングとは無名関数や局所関数に対してグローバルスコープで名前が衝突しないユニークな名前を与えてグローバルスコープにその関数を置きます。さらに自由変数を除去して、明示的な引数を与えることです。

---

[6] https://www.it.uu.se/research/group/hipe/cerl/
[7] http://studzien.github.io/hack-vm/part1.html
[8] http://llvm.org/

```
compile:file(File, [to_kernel]).
```

2.5 アセンブル

BEAM のバイナリに一対一で対応したアセンブリ言語に変換します。

```
compile:file(File, ['S']).
```

2.6 BEAM ファイル生成

ErlagVM (BEAM) で実行可能なバイナリファイルに変換します。ちなみに BEAM ファイルのフォーマットは "EA IFF 85 - Standard for Interchange Format Files" に準拠しています。

```
compile:file(File).
```

3 Erlang でコンパイラ実装

Erlang で BEAM が動くコンパイラを作成します。例としてUlang というサンプルプログラムを作ったので、これを元に説明します[*9]。Ulang プログラムを、字句解析器と構文解析器を行いて Erlang の中間表現に変換します。その後 compile モジュールを使って BEAM で実行可能なバイナリを作成する、というのが大まかなコンパイルの流れです。今回は ulang_lex.xrl で字句解析を行い、ulang_yecc.yrl で構文解析及び中間表現の出力、compiler.erl でバイナリ出力するように作成しました。

3.1 字句解析器

C 言語における lex/flex 同様 Erlang には leex という字句解析器があります[*10]。類似のツールを使ったことがある人なら予想がつくかもしれませんが、字句解析は Definitions、Rules、Erlang code というパートに分かれています。Definitions では rule で使用される字句を正規表現定義を行います。https://github.com/oskimura/ulang/blob/master/src/ulang_lex.xrl#L1-L7 に当たります。

```
INT = [0-9]+
ATOM = :[a-z_]+
VAR = [a-z0-9_]+
CHAR = [a-z0-9_]
WHITESPACE = [\\s\\t\\n\\r]
```

[*9] https://github.com/oskimura/ulang.git
[*10] http://erlang.org/doc/man/leex.html

Rulesは生成するトークンを記述します。

Erlang codeではRulesで使用されるErlangのコードを記述します。[11]に該当する部分です。

```
module : {token,{module,TokenLine}}.
```

のように

```
マッチする字句 : {生成するトークン}
```

というふうに書きます。一般的には、

```
{token,{いろいろ,行数}}.
```

というふうになっているようです。Definitionsで定義された定義を使用するにはというふうにINTなら{INT}と{}で囲む必要[12]があるようです。

今回の場合はhttps://github.com/oskimura/ulang/blob/master/src/ulang_lex.xrl#L71のto_atom関数に該当します。https://github.com/oskimura/ulang/blob/master/src/ulang_lex.xrl#L14のように、Rulesで使用することができます。

今回、字句解析コードはhttps://github.com/oskimura/ulang/blob/master/src/ulang_lex.xrlにあるように作成しました。

3.2 構文解析器生成系

C言語におけるyaccと同様にErlangにはyeccという構文解析器生成系があります[13]。yeccはBNFを使って構文解析器を作成できます。ちなみにErlangのパーサもyeccによって書かれています[14]。yeccはNonterminals、Terminals、規則部、Erlang codeに分かれています。Nonterminalsは非終端記号の集合の宣言を行います[15]。yeccもまたNonterminals、Terminals、規則部、Erlang codeに分かれています。Nonterminalsは非終端記号の集合の宣言を行います[16]。Terminalsは終端記号の宣言を行います[17]。規則部はRootSymbolを開始記号とする簡約規則を記述します。RootSymbolがないとエラーになります[18]。規則部は

---

[11] https://github.com/oskimura/ulang/blob/master/src/ulang_lex.xrl#L9-L62
[12] https://github.com/oskimura/ulang/blob/master/src/ulang_lex.xrl#L45
[13] http://erlang.org/doc/man/yecc.html
[14] https://github.com/blackberry/Erlang-OTP/blob/master/lib/stdlib/src/erl_parse.yrl
[15] https://github.com/oskimura/ulang/blob/master/src/ulang_yecc.yrl#L9-L160
[16] https://github.com/oskimura/ulang/blob/master/src/ulang_yecc.yrl#L9-L160
[17] https://github.com/oskimura/ulang/blob/master/src/ulang_yecc.yrl#L3
[18] https://github.com/oskimura/ulang/blob/master/src/ulang_yecc.yrl#L6

```
program ->
    module_exp: [ '$1' ].
program ->
    module_exp exps: [ '$1' | '$2' ].
```

のように 非終端記号 -> 規則 : アクションというふうに書きます。非終端記号は `Nonterminals` で宣言されている必要があります。アクションとは規則にマッチした時、実行されるプログラムです。`'$1'` は規則にマッチした終端もしくは非終端記号です。上記の例だと `module_exp`、`exps` がそれぞれ `'$1'`、`'$2'` に対応します。基本的には lex/flex と一緒です。非終端記号に複数の規則がある場合は上記のように複数書きます。

今回作成する yecc はアクションに作成する中間表現を記述します。中間表現の詳細は後述します。

`Erlang code` は `leex` と同様規則部で使用する Erlang コードを記述します[19]。

今回作成した yecc の全体は https://github.com/oskimura/ulang/blob/master/src/ulang_yecc.yrl にあげてあります。

3.3 中間表現

`erl_syntax`[20]というモジュールのドキュメントに、中間表現のシンタックスツリーを組み立てるための API が書いてありますが、今回このモジュールは使用せずに中間表現を自分で生成することにします。https://gist.github.com/oskimura/7386c37260528bf208b1 にあるプログラムを実行することにより Erlang プログラムファイルの中間表現を取得できます。今回はこのツールを使って中間表現を解析し、中間表現を生成することにしました。

3.3.1 Erlang の文法

中間表現を詳しく説明する前に、Erlang の文法をもう少し詳しく説明します。Elrang の文法の構成要素を大きく分けると、項、節、モジュールの3つになります。項は Erlang の文法における最小要素で、`integer`、`float`、`atom`、`string`、`list`、`tuple` といった要素です。節は項を複数もった要素で 関数、`if`、`case`、`receive`、`try` といった単位になります。Erlang の節は基本的に引数部、ガード部、本体といった要素に分かれます。これらを基本構造として、`receive`、`try` などの各構文ごとにタイムアウトや例外キャッチなどの要素が追加されます。モジュールは Erlang 文法単位では最も大きい要素で複数の節から構成されます。またコンパイルの際にはモジュール単位でコンパイルされます。

---

[19] https://github.com/oskimura/ulang/blob/master/src/ulang_yecc.yrl#L163-L174
[20] http://erlang.org/doc/man/erl_syntax.html

変数 X, Y は値に束縛されているか、パターンマッチされる前の未束縛のものの 2 種類
があります。匿名変数を表す _ を除いて大文字から始まり英数字で構成されています。

　Erlang における代入は単一代入と呼ばれ、実はパターンマッチの一種です。実際、中
間表現ではパターンマッチ形式と同じ形式になっています。このあたりも Prolog の影響
が見てとれます。

3.3.2 compile モジュール

　生成された中間表現をコンパイルして、バイナリを出力するのは compile モジュール
で行います[21]。今回は noenv_forms 関数を使用して次のように書きました。

```
compile:noenv_forms(Spec,[return]) of
 {ok,Module,Binary,Warnings} ->
end
```

compile:noenv_forms の第一引数はバイナリ変換したい中間表現、第二引数はオプショ
ンです。コンパイルが成功した場合は {ok,Module,Binary,Warnings} というタプルが
返されます。Module はモジュール名、Binary は変換バイナリ、Warnings はコンパイル
時の警告です[22]。

3.4 中間表現について

　中間表現は基本的にタプルで表現され、{ タグ名, ソース行数, 引数 1, 引数 2,...}
といった形になっています。このタグが先頭にあるタプルのリストが中間表現です。
compile モジュールの関数に渡すことでバイナリへとコンパイルされます。サンプルプ
ログラム[23]を例に説明します。Eralang の文法に関しては http://erlang.org/doc/
reference_manual/expressions.html を参考にしてください。それでは中間表現の
説明をしていきます。

3.4.1 項

　中間表現の項は

```
Term := {Tag,Line,Val}
```

というタプルの形で表現されます。Tag は Erlang のアトム、Line は行数、Val は Erlang
のデータです。

3.4.2 節

　中間表現の節は

---

[21] http://www.erlang.org/doc/man/compile.html
[22] https://github.com/oskimura/ulang/blob/master/src/compiler.erl
[23] https://gist.github.com/oskimura/e5b58a789e74be75c60c

```
Clause:={clause,Line,Vars,Guard,Body},
Line:= ingeger
Vars := [Term]
Guard:= [Term]
Body:= [Term]
```

となります。 Line は行数。 Vars は項のリスト。Guard はガードとなる項のリスト。ガードは本体が実行される前に検査される条件です。Body は本体となる項のリストです。

3.4.3 module 宣言

```
-module(sample).
```

というモジュール宣言は

```
{attribute,1,module,sample}
```

となります。

```
module := {attribute,Line,module,ModuleName}
```

Line は行数、ModuleName はモジュール名となります。attribute というタグは後述する export など module の箇所を変えて使われます。ModuleName は モジュールの名前です。このモジュールの名前は sample です。

3.4.4 export 宣言

```
-export([func1/0]).
```

という export 宣言は

```
{attribute,2,export,[{func1,0}]}
```

と変換されます。

```
export := {attribute,Line,export,[{f1,Arg},...]}
```

export の後に関数のリストが必要です。{ 変数名, 関数の数 } のリストという形で表現されます。

3.4.5 関数宣言

```
func1 () ->
    ok.
```

という関数宣言は

```
{function,3,func1,0,[{clause,3,[],[],[{atom,4,ok}]}]}
```

と変換されます。

```
function := {function, Line, FunctionName, ArgNumber [Clause1,...]}
```

Line は行数、FunctionName は関数名、ArgNumber は引数の数、Clause のリストは関数の本体です。なぜリストなのかというと、次のような場合

```
func2([]) ->
    ok;
func2(X) ->
    ok.
```

引数のマッチングによって複数の本体があるからです。ちなみにこの Clause は case hoge of～ 形式のパターンマッチの中間表現と共通の形式です。

- Clause について

```
clause := {clause,Line,[Args],[TestFuncs],[Bodys]}
```

Line は行数、Args のリストは仮引数、TestFunc のリストはガード節、Bodys のリストは関数本体です。ガード節は

```
func3(X) when is_atom(X) ->
    X.
```

の when 以降で引数のチェックを行う箇所です。上記のような関数の場合

```
{function,10,func3,1,
[{clause,10,[{var,10,'X'}],
[[{call,10,{atom,10,is_atom},[{var,10,'X'}]}]],[{var,11,'X'}]}]}
```

と変換されます。

3.4.6 文字列

```
string_fun() ->
    "abc".
```

は

```
{function,15,string_fun,0,
[{clause,15,[],[],[{string,16,"abc"}]}]}
```

と変換されます。

```
{string,Line,Str}
```

Str は文字列です。

3.4.7 文字

```
char_fun() ->
    $a.
```

は

```
{function,18,char_fun,0,[{clause,18,[],[],[{char,19,97}]}]}
```

と変換されます。

```
{char,Line,Char}
```

Char は文字の ASCII コードです。

3.4.8 整数

```
integer_fun() ->
    1.
```

は

```
{function,21,integer_fun,0,[{clause,21,[],[],[{integer,22,1}]}]}
```

と変換されます。

```
{integer,Line,Num}
```

Num は数字です。

3.4.9 演算子

```
op_fun() ->
    1+1.
```

は

```
{function,24,op_fun,0,[{clause,24,[],[],
[{op,25,'+',{integer,25,1},{integer,25,1}}]}]}
```

と変換されます。

```
{op,Line, Op,LVal,RVal}
```

Op は演算子です。LVal と RVal はそれぞれ演算子の左辺と右辺です。

3.4.10 関数呼び出し

call で呼ぶことができる関数は同じモジュール内の関数に限られます。他のモジュールで宣言してある関数は後述する remote call で呼び出す必要があります。

```
call_fun() ->
    func1().
```

という関数は

```
{function,13,call_fun,0,
[{clause,13,[],[],[{call,14,{atom,14,func1},[]}]}]}
```

と変換されます。

```
call := {call,Line,{atom,Line,FunctionName},Args}
var  := {var,Line,VarName}
```

Line は行数、FunctionName は関数名、Args は引数のリストです。

3.4.11 関数呼び出し

他のモジュールで宣言された関数は remote call で呼び出す必要があります。

```
remote_call_fun() ->
    io:format("test").
```

という関数は

```
{function,16,remote_call_fun,0,
[{clause,16,[],[],
[{call,17,{remote,17,{atom,17,io},{atom,17,format}},[{string,17,"test"
    }]}]}]}
```

と変換されます。

```
remotecall :={call,Line,
{remote,Line,{atom,Line,ModuleName},{atom,Line,FunctionName}},Args}
Args := {var,Line,VarNme}
```

remote が入る以外は call と同じです。

3.4.12 パターンマッチ

パターンマッチです。

```
match_fun(X) ->
    case X of
        a ->
            a;
        b ->
```

```
      b
  end.
```

という関数が

```
{function,19,match_fun,1,
[{clause,19,[{var,19,'X'}],[],
[{case,20,{var,20,'X'},
[{clause,21,
[{atom,21,a}],[],[{atom,22,a}]},
{clause,23,[{atom,23,b}],[],[{atom,24,b}]}]}]}]}
```

と変換されます。

```
case    := {'case', Line, MatchExp, [Clause1,...]}
MatchExp := {clause, Line, Match, Test, Bodys}
```

MatchExp は上のソースでいう case と of の間の式にあたります。Clause はマッチされる case 文の本体にあたります。

3.4.13 代入

単一代入です。

```
bind_fun() ->
    X = 1.
```

は

```
{function,29,bind_fun,0,
[{clause,29,[],[],
[{match,30,{var,30,'X'},{integer,30,1}}]}]}
```

と変換されます。

```
{match,Line,Var,Val}
```

Var に Val を代入します。

```
{var,Line,Var}
```

は変数です。Var は変数名です。

```
{integer,Line,Val}
```

は整数です。Val は設定する整数です。

3.4.14 リスト

```
list_fun() ->
    [1,2,3,4].
```

という関数は

```
{function,27,list_fun,0,
[{clause,27,[],[],
[{cons,28,{integer,28,1},
{cons,28,{integer,28,2},
{cons,28,{integer,28,3},
{cons,28,{integer,28,4},{nil,28}}}}}]}]}
```

と変換されます。

```
{cons, Line, {Elent1,{Element2, Line,... {nil,Line}}
```

Element1,Element2 はリストの要素です。cons は入れ子構造になってます。

3.4.15 ビットシンタックス

```
binary_fun() ->
    <<"abc">>.
```

といった関数は

```
{function,47,binary_fun,0,
[{clause,47,[],[],
[{bin,48,[{bin_element,48,{string,48,"abc"},default,default}]}]}]}
```

となります。

```
{bin,Line,[BinElement]}
```

BinElement はバイナリのセグメントを表してます。BinElement は

```
{bin_element,Line,Bit_expr,bit_size,[bit_type]}
Bit_expr := Term
bit_size := default | integer
```

となります。Bit_expr はセグメントを表します。bit_size はセグメントのサイズ整数もしくは default です。

bit_type は次のようになります。

```
bit_type := integer | float | binary | bytes
          | bitstring | bits | utf8 | utf16 | utf32
```

3.4.16 メッセージ送信

```
send_fun() ->
    a ! a.
```

は

```
[{attribute,1,module,test},
{function,2,main,0,
[{clause,2,[],[],[{op,3,'!',{atom,3,test},{atom,3,a}}]}]}]
```

となります。

中間表現を一般化すると次のようになります。

```
{op,Line,'!',Term1,Term2}
```

'!' は演算子の一種として扱われています。Term1 に Term2 をメッセージとして送ります。

3.4.17 メッセージ受信

```
    receive
       a ->
           a;
       b ->
           b
    after 1000 ->
           c
    end.
```

というサンプルは

```
    {receive,54,
          [{clause,55,[{atom,55,a}],
            [],[{atom,56,a}]},
           {clause,57,[{atom,57,b}],
            [],[{atom,58,b}]}],
           {integer,59,1000},[{atom,60,c}]}
```

と変換されます。

中間表現を一般化すると

```
Receive := {'receive',Line, Matches, Timeout, Default}
Matches := [Matche]
Matche  := {clause,Line,[Term]}
Timeout := Term
Default := [Term]
```

Matches は受信をパンマッチする節のリストです。Timeout はタイムアウトするミリ秒。Default はタイムアウト時のタイムアウト処理をするための項のリストです。

3.4.18 例外 Try

```
try_fun() ->
    try (1/0) of
        X -> X
    catch
        Class:Reason ->
            throw(Reason)
    after
        100
    end.
```

のサンプルは次のように変換されます。

```
{try,71,
 [{op,71,'/',{integer,71,1},{integer,71,0}}],
 [{clause,72,[{var,72,'X'}],[],[{var,72,'X'}]}],
 [{clause,74,[{tuple,74,[{var,74,'Class'},
 {var,74,'Reason'},{var,74,'_'}]}],[],[{call,75,{atom,75,throw},
 [{var,75,'Reason'}]}]}],
 [{integer,77,100}]
}
```

一般化すると

```
{'try',
Line,
Expr,
Match,
Catch,
After
}
```

```
Expr := [Term],
Match := [Clause],
Catch := [Clause],
After := [Term]
```

Expr は例外が起きる可能性のある項のリスト、Match は Expr の返り値をパターンマッチする節のリストです。Catch は例外をパターンマッチする節のリスト、After 以降の After 文は Java の final 文に相当し、例外が発生するかどうかにかかわらず実行されます。

3.4.19 リスト内包表記

```
    List = [1,2],
    [X*2 || X <- List, X < 5].
```

のサンプルは

```
{lc,65,
 {op,65,'*',{var,65,'X'},{integer,65,2}},
 [{generate,65,{var,65,'X'},{var,65,'List'}},
  {op,65,'<',{var,65,'X'},{integer,65,5}}]}
```

となります。

```
{'lc',Line,Term,[Qualifier]}
```

Line は行数、 Term は任意の項、Qualifier は Generator もしくは Filter となります。それぞれの構成要素を説明すると次の様になります。

```
Qualifier := Generator | Filter
```

```
Generator := {generate,Line,Pattern,ListExpr}
```

```
Pattern:=Term
ListExpr:=Term
```

Pattern が変数であれば ListExpr の評価結果が束縛されます。

```
Filter := Term
```

Filter は変数に対して評価を行っていれば true の値のみをフィルターします。

3.4.20 バイナリ内包表記

バイナリを生成する内包表記です。リスト内包表記との違いは Expr がバイナリであることと、Generator が b_generate であることです。

```
bconp_fun() ->
    << <<X>> || X <- <<1, 2, 3>> >>.
```

のサンプルは

```
{function,63,bconp_fun,0,
[{clause,63,[],[],
[
{bc,64,
  {bin,64,[{bin_element,64,{var,64,'X'},default,default}]},
 [{generate,64,{var,64,'X'},
```

```
    {bin,64,
           [{bin_element,64,{integer,64,1},default,default},
            {bin_element,64,{integer,64,2},default,default},
            {bin_element,64,{integer,64,3},default,default}]}}]
}]}]}
```

と変換されます。一般化すると次のようになります。

```
{bc,Line,Expr,[Qualifier]}
```

リスト内包表記と違い、Expr はバイナリのみです。

```
Expr := binary
```

```
Qualifier := Generator | Filter
```

リスト内包表記と違い b_generate です。

```
Generator := {b_generate,Line,Pattern,BinaryExpr}
```

```
Pattern:=Term
BinaryExpr:=Term
```

```
Filter := Term
```

3.4.21 ブロック

```
block_fun() ->
    begin
        1+1
    end.
```

というサンプルは

```
{function,74,block_fun,0,
[{clause,74,[],[],
[{block,75,[{op,76,'+',{integer,76,1},{integer,76,1}}]}]}]}
```

と変換されます。

```
{'block',Line,[Term]}
```

Line は行数、Term は任意の項です。

3.4.22 タプル

```
tuple_fun() ->
    {a,b,c}.
```

というサンプルは

```
{function,71,tuple_fun,0,
[{clause,71,[],[],[{tuple,72,[{atom,72,a},{atom,72,b},{atom,72,c}]}]}]
   }
```

となります。

```
tuple = {'tuple',Line,[Term]}
```

Line は行数、 Term は任意の項です。上記の情報があれば BEAM で動く処理系が作れると思います。

4 Ulang の使い方

```
$ git clone https://github.com/oskimura/ulang
```

によってダウンロードし、ビルドには Erlang のビルドツール rebar(リバー) を使用します。コンパイルの前にあらかじめインストールしてください[24]。

```
$ cd ulang
$ rebar compile
```

テストは、

```
$ rebar test
```

とします。実行は、bin フォルダに移動して

- iulang インタプリタ
- ulangc コンパイラ beam ファイルを生成します。

のいずれかを実行してください。iulang は簡単な対話環境が立ち上がります。ulangc は BEAM 上で実行可能な beam ファイルを出力します。beam ファイルの実行方法は Erlang と同じですので、第 1 章を参考にして下さい。

5 Ulang の文法

Ulang はあくまで Erlang の薄いラッパーであり、独自の機能はありません。基本的に Erlang に準ずると考えて良いです。主な構成要素は次のようになります。

---

[24] https://github.com/rebar/rebar

- モジュール
- 関数
- 演算子
- 変数束縛
- if
- リスト
- タプル

5.1 式

　Ulang のほとんどの構文は式になり、式は最も基本的な単位です。式を連続させたい場合は、; で分割します。連続した式は文として扱われます。連続した式は最後の式の評価がその文評価となります。原則として文は式を含みますが、例外としてモジュール宣言とエクスポート宣言は式を含みません。

5.2 再帰と末尾再帰

　Erlang と同じくループ構文がないので、再帰もしくは末尾再帰を使用します。

5.3 モジュール宣言

```
module my_module
```

と module に続けてモジュール名を宣言します。

5.3.1 エクスポート宣言

　エクスポートする関数です。関数名と引数の数をタプルで表現したものを、リストで並べます。

```
export [(fun0,0)]
```

5.4 関数

　関数を宣言する際は

```
fn fun() ->
{

}
```

というふうに書きます。モジュール io の関数 format に引数 "test" を渡して呼び出すには次のようにします。

```
io.format("test")
```

ただし、同じモジュールの関数を呼び出すときは、モジュール名とそれに続くピリオドを省きます。

5.5 演算子

演算子は Erlang と同じ演算子を使用しています。

- +
- -
- *
- /

などです。

5.6 変数束縛

```
let x <- var
```

とすることで x が var の値に束縛できます。Erlang と同様、再代入は不可能です。

5.7 if

if の条件が真 (true) なら 最初の式が、偽 (false) であれば 二番目の式が評価されます。

```
if true then 1 else 0 end
```

の場合は 1 が、

```
if false then 1 else 0 end
```

の場合は 0 が評価されます。

5.8 リスト

Erlang のリストと同じです。ですが、リストのパターンマッチはサポートしません。[] とすることで nil となります。

```
[1,2,3]
```

5.9 タプル

Erlang タプルの {} を () に変更しただけです。

```
(1,2,3)
```

6 Ulang 製作

この章では実際に Ulang を制作していきます。.xrl と .yrl ファイルのそれぞれのパートに、文法に必要な記述を追加する形で制作していきます。

6.1 xrl

.xrl ファイルにはまず最初に次の定義を追加します。

```
Definitions.
INT = [0-9]+
ATOM = :[a-z_]+
VAR = [a-z0-9_]+
CHAR = [a-z0-9_]
WHITESPACE = [\s\t\n\r]

Rules.

{WHITESPACE}+ : skip_token.
%% String
"(\\x{H}+;|\\.|[^"])*" :
                S = string:substr(TokenChars, 2, TokenLen - 2),
            {token,{string,TokenLine,S}}.
Erlang code.
```

整数、空白、アトム、変数、文字、文字列など基本的な構成要素を追加します。

6.2 yecc

今回は program をルートシンボルとするので次のように .yrl ファイルに記述してください。

```
Nonterminals.
Terminals.
Rootsymbol program.
Erlang code.
```

6.3 実装する文法

今回実装する文法は、モジュール、関数、演算子、変数束縛、if、リスト、タプルです。Ulang プログラムの構文木は、ルートシンボル program を構文木の根とします。そして、その下にある一つのモジュール宣言文と複数の式から成り立っています。関数宣言、演算子、変数束縛、if式、リスト、タプルは式として扱います。それでは各文法要素を実装していきます。

6.4 モジュールの実装

モジュール宣言文の実装をします。

6.4.1 xrl ファイルへの追加

■Rules への追加　予約語 module を追加していきます。

```
module : {token,{module,TokenLine}}.
```

6.4.2 yecc ファイルへの追加

■Nonterminals への追加　Nonterminals に module_exp を追加してください。

```
Nonterminals program module_exp .
```

6.4.3 Terminals への追加

```
Terminals 'module'.
```

■Rules への追加　モジュール文を追加します。

```
module_exp ->
    'module' var:
        {attribute, ?line('$2'),module, element(3,'$2')}.
```

モジュールのついでにルートシンボル program の追加も行っています。モジュールは構文木上、ルートシンボル program の下になるので次の様にします。

```
program ->
    module_exp: [ '$1' ].
```

program は module_exp と式のリストから構成されています。

```
program ->
    module_exp: [ '$1' ].
program ->
    module_exp exps: [ '$1' | '$2' ].
```

6.5 式の実装

exp と exp のリスト exps を追加します。exp と exp は ; で区切ります。

6.5.1 xrl ファイルへの追加

■Rules への追加　; を追加します。

```
; : {token,{';', TokenLine}}.
```

6.5.2 yecc ファイルへの追加

■Nonterminals への追加　exp と exps を追加します。

```
Nonterminals exp exps.
```

6.5.3 Terminals への追加

```
Terminals ';'.
```

■Rule　exp と exps のルールを記述します。

```
exps ->
    exp :
[ '$1' ].
exps ->
    exp ';' exps :
[ '$1' | '$3' ].
```

ルートシンボルの program からたどれるようにする追加は先程したので、ここでは追加しません。

6.6 関数宣言の実装

6.6.1 xrl ファイルへの追加

■Rules への追加　必要な字句、fn -> { } ( ) を宣言します。

```
fn : {token,{'fn',TokenLine}}.
\-\> : {token,{'->', TokenLine}}.
\{ : {token,{'{', TokenLine}}.
\} : {token,{'}', TokenLine}}.
\( : {token, {'(', TokenLine}}.
\) : {token, {')', TokenLine}}.
```

6.6.2 yeec ファイルへの追加

■Nonterminals への追加　Nonterminals に exp exps を追加してください。

■Terminals への追加　Terminals に fn -> { } ( ) を追加してください。

■Rules への追加　関数宣言全体の Rules を追加します。

```
function ->
    'fn' var '(' args ')' '->' '{' exps '}' :
        {function,?line('$1'),element(3,'$2'), length('$4'),
         [{clause,?line('$1'),'$4',[],
           '$8'
          }]
        }.
function ->
    'fn' var '(' ')' '->' '{' exps '}' :
        {function,?line('$1'),element(3,'$2'), 0,
         [{clause,?line('$1'),[],[],
           '$7'
          }]
        }.
```

引数の Rules を追加します。

```
args ->
    arg ',' args :
        [ '$1' | '$3' ].
args ->
    arg : [ '$1' ].
arg ->
    var : '$1'.
```

これを exp に追加し exp からたどれるようにします。今後追加する構文要素は基本的に exp の下の枝となります。

```
exp ->
    function : '$1'.
```

■Erlang code への追加　文字列を整数に変換するため、次の関数を用意してください。

```
Erlang code.
string_to_integer(Str) ->
    case string:to_integer(Str) of
        {Code,_} ->
            Code
    end.
```

6.7　関数呼び出しの実装

6.7.1　xrl ファイルへの追加

xrl への追記はありません。

6.7.2　yecc ファイルへの追加

■Nonterminals への追加　Nonterminals に call_exp を追加してください。

■Rules への追加　呼び出しルールを記述します。引数ありと引数なしの 2 種類です。

```
call_exp ->
    var '(' ')':
        {call, ?line('$1'),var_to_atom('$1'),nil}.

call_exp ->
    var '(' exps ')' :
        {call, ?line('$1'),var_to_atom('$1'),'$3'}.
```

call_exp を構文木上 exp 下の構文要素とし、exp からたどれるようにします。

```
exp ->
    call_exp : '$1'.
```

■Erlang code への追加　Erlang code に atom へ変換する関数を追加します。

```
var_to_atom({var,Line,V}) ->
    {atom,Line,V}.
```

6.8　演算子の実装

演算子を追加します。

6.8.1　xrl ファイルへの追加

■Rules への追加　今回は + - * / == < > <= >= を追加します。これでは足りないと思う人はもっと追加してみましょう。

```
\+ : {token,{'op',TokenLine, to_atom(TokenChars)}}.
\- : {token,{'op',TokenLine, to_atom(TokenChars)}}.
\* : {token,{'op',TokenLine, to_atom(TokenChars)}}.
\/ : {token,{'op',TokenLine, to_atom(TokenChars)}}.
\=\= : {token,{'op',TokenLine, to_atom(TokenChars)}}.
\< : {token,{'op',TokenLine, to_atom(TokenChars)}}.
\> : {token,{'op',TokenLine, to_atom(TokenChars)}}.
\<\= : {token,{'op',TokenLine, to_atom(TokenChars)}}.
\>\= : {token,{'op',TokenLine, to_atom(TokenChars)}}.
```

■Erlang code への追加　文字列からアトムに変換するサポート関数を定義します。

```
Erlang code.
to_atom(Chars) ->
    list_to_atom(Chars).
```

6.8.2　yecc ファイルへの追加

■Terminals への追加　Terminals に op_exp を追加します。

■Rules への追加　op_exp を追加。

```
op_exp ->
    exp op exp :
        {op, ?line('$1'), element(3,'$2'), '$1', '$3' }.
```

exp に op_exp を追加します。

```
exp ->
    op_exp : '$1'.
```

6.9　変数束縛の実装

変数束縛のための let 構文を追加します。

6.9.1 xrl ファイルへの追加

let と <- を追加します。

```
let : {token,{'let', TokenLine}}.
\<\- : {token,{'<-', TokenLine}}.
```

6.9.2 yecc ファイルへの追加

■Nonterminals への追加　Nonterminals には let_exp を追加します。

■Terminals への追加　Terminals には <- let を追加します。

■Rules への追加　let 構文を追加します。

```
let_exp ->
    'let' var '<-' exp :
        {'match', ?line('$1'), '$2', '$4'}.
```

構文木の構造上、exp 下の枝となります。

```
exp ->
    let_exp : '$1'.
```

6.10　if 式の実装

if 文は式の評価が真の場合と偽の場合に評価が分かれます。

6.10.1 xrl への追加

if、then、else、end を追加します。

```
if   : {token,{'if', TokenLine}}.
then : {token,{'then', TokenLine}}.
else : {token,{'else', TokenLine}}.
end  : {token,{'end', TokenLine}}.
```

6.10.2 yecc ファイルへの追加

■Nonterminals への追加　Nonterminals に if_exp test_exp true_exp false_exp を追加します。

■Terminals への追加　Terminals に if then else end を追加します。

■Rules への追加　式全体の宣言です。

```
if_exp ->
    'if' test_exp 'then' true_exp 'else' false_exp 'end':
        {'case', ?line('$1'),
         '$2',
         [{'clause', ?line('$3'), [{atom, ?line('$3'),'true'}],
           [],
           '$4'},
```

```
            {'clause', ?line('$5'), [{atom, ?line('$5'),'false'}],
         [],
         '$6'}]}.
```

真偽検査と真の場合と偽の場合をそれぞれ宣言します。

```
test_exp ->
    exp : '$1' .
true_exp ->
    exps : '$1' .
false_exp ->
    exps : '$1' .
```

6.11 リストの実装

リストの実装をします。リストは再帰構造を持つため宣言が少しテクニカルになっています。

6.11.1 xrl ファイルへの追加

■**Rules への追加**　[ ] を追加します。

```
\[ : {token, {'[', TokenLine}}.
\] : {token, {']', TokenLine}}.
,  : {token, {',', TokenLine}}.
```

6.11.2 yecc ファイルへの追加

■**Nonterminals への追加**　Nonterminals に list_exp tail_exp を追加します。

■**Terminals への追加**　Terminals に [ ] , を追加します。

■**Rules への追加**　再帰構造を持つため次の様に二つに分けて宣言します。

```
list_exp ->
    '[' ']': {nil, ?line('$1')}.
list_exp ->
    '[' exp tail_exp:
        {cons, ?line('$2'), '$2', '$3'}.
```

```
tail_exp ->
    ',' exp tail_exp:
        {cons, ?line('$1'), '$2', '$3'}.

tail_exp ->
    ']':
        {nil, ?line('$1')}.
```

6.12 タプルの実装

6.12.1 yecc ファイルへの追加

■**Nonterminals への追加**　Nonterminals に tuple_exp tuple_build を追加してください。

■**Rules への追加**　リストと同様にタプルを定義していきます。

```
tuple_exp ->
   '(' ')' :
      {tuple, ?line('$1'),[]}.
tuple_exp ->
   '(' tuple_build ')' :
      {tuple, ?line('$1'), '$2'}.
tuple_build ->
    exp ',' tuple_build :
      [ '$1' | '$3' ].
tuple_build ->
   exp :
      [ '$1' ].
```

これまでと同様に exp に tuple_exp を追加してください。

```
exp ->
   tuple_exp : '$1'.
```

7　最後に

以上で、BEAM 上に簡単な言語をつくる方法が理解できたと思います。型理論を勉強したり、他にも JVM や LLVM なども調べてみて自分のオリジナル言語を作ってみてください。

Erlangで言語処理系作成

2017 年 8 月 13 日 初版発行
著　者　　oskimura（きむら）
発行者　　星野 香奈（ほしの かな）
発行所　　同人集合 暗黒通信団 (http://ankokudan.org/d/)
　　　　　〒277-8691 千葉県柏局私書箱 54 号 D 係
本　体　　300 円 / ISBN978-4-87310-059-3 C3004

乱丁・落丁は在庫がある限りお取り替え致します。気持ちの悪いネタ言語求む。

ⓒCopyright 2017 暗黒通信団　　　　　Printed in Japan